Voor Belle,

Blijf dromen, je kan ze allemaal verwezenlijken.

Dit ben ik!

En dit ben jij.

We zijn allemaal gemaakt van beenderen, spieren en zo veel meer. Vanbinnen, zijn we allemaal hetzelfde.

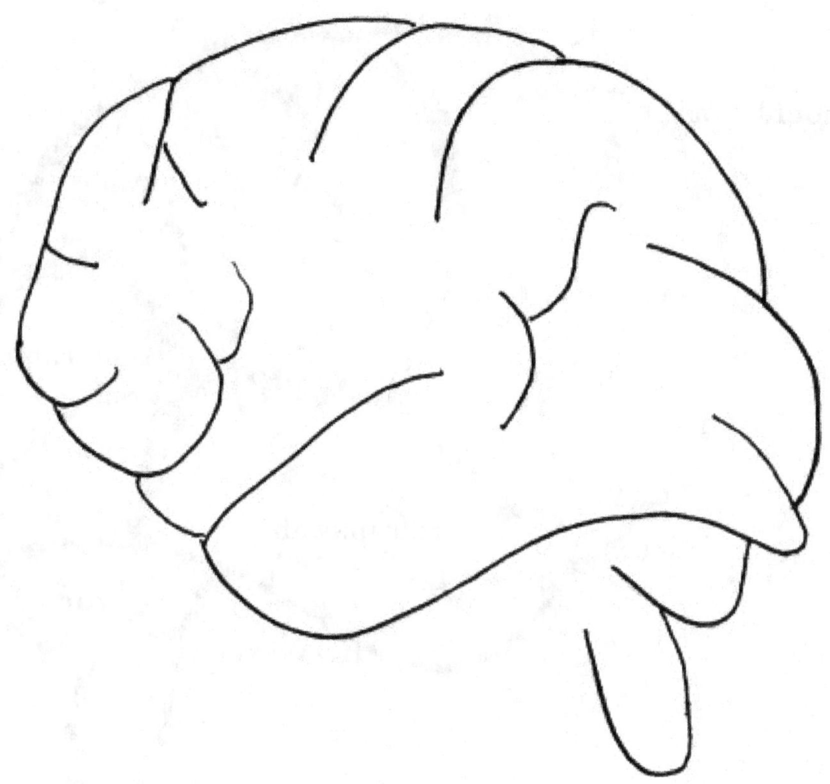

Onze hersenen lijken ook op elkaar.

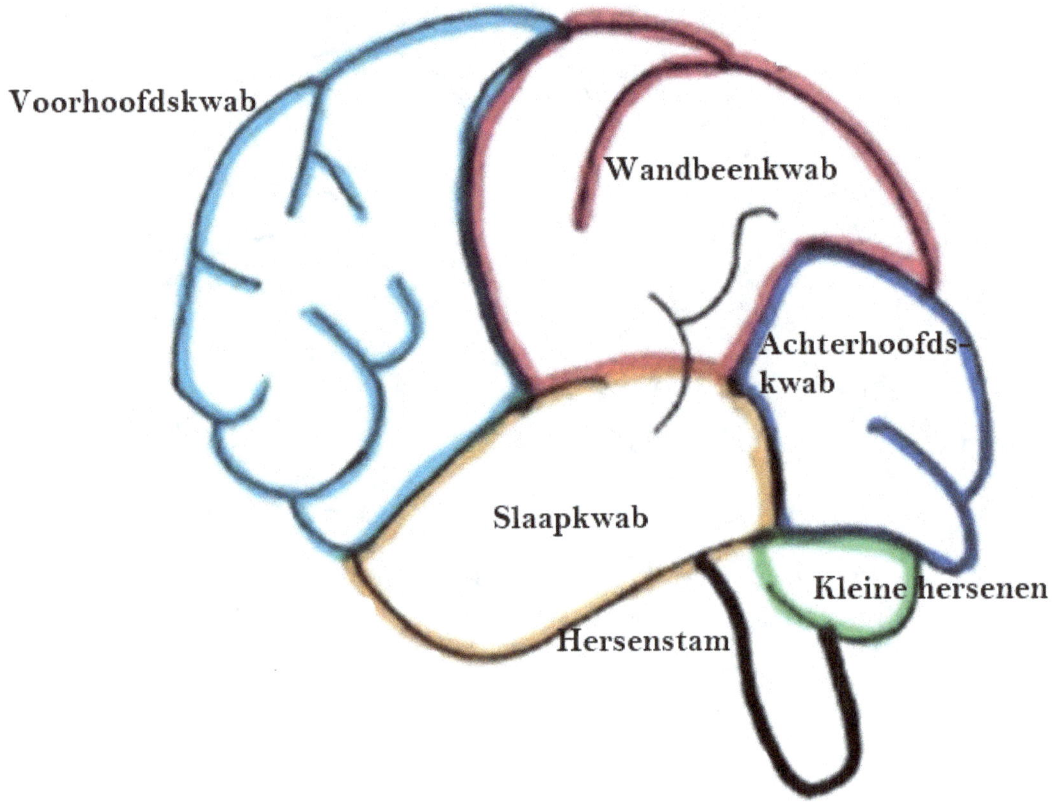


De hersenen hebben verschillende delen die elks een andere verantwoordelijkheid hebben.

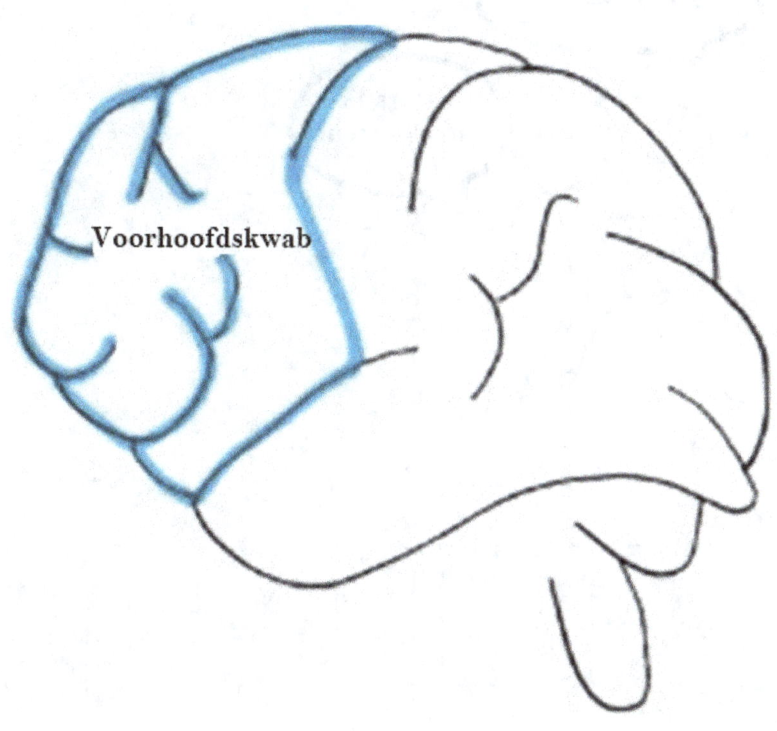


Wist jij dat je met dit gedeelte, de grote hersenen, bewust kan denken?

Bewust denken helpt jouw om gesprekken te voeren met vrienden, rekenen en andere saaie dingen op school.

Maar ook dagdromen over grote en leuke dingen
die je wil bereiken in je belangrijk leven.

De hersenen helpen het lichaam functioneren
met veel meer dan alleen maar het kloppen van
het hart, ademen en bewegen.

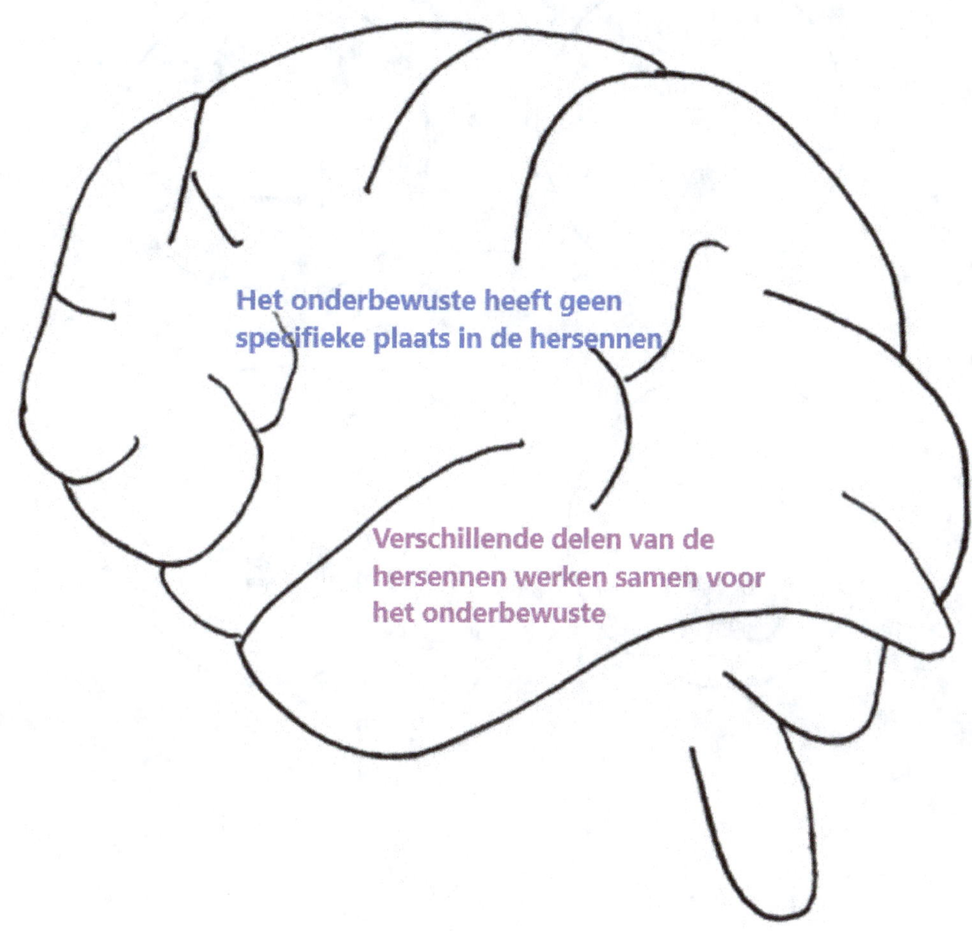



Onze hersenen kunnen opgesplitst worden in drie delen: Bewust, onbewust en onderbewust. Ook al zien onze hersenen er hetzelfde uit, het onderbewuste kan voor iedereen heel anders zijn.

Hoe kan dat voor iederen anders zijn? Wel, het onderbewuste loopt op autopiloot. Dat betekent dat hoe je reageert op dingen, af hangt van wat er verzameld is in je onderbewustzijn.

Dit kan dus anders zijn voor iedereen. Want onze
ervaringen kunnen anders. Weet jij wat er schuilt
in jouw onderbewustzijn?

Al de ervaringen, gesprekken en plaatsen die jij al bezocht hebt. ALLES! Leuke en fantastische herinneringen, maar ook minder leuke herinneringen.

Het onderbewustzijn is net zoals een harde schijf van een computer. Alles wordt opgeslagen.

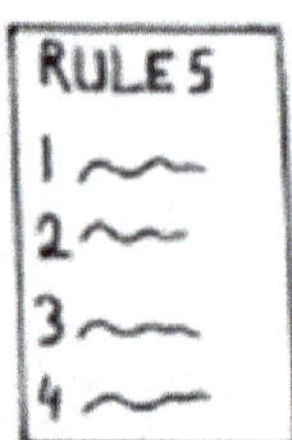


De cultuur waarin je leeft, regels, wat je ziet op tv, internet, ouders, familie en vrienden, ALLES.

Het onderbewustzijn kan niet bewust denken. Het luistert naar wat jij te zeggen hebt, tegen jezelf en anderen.

Weet jij wat je dagelijks vertelt tegen je onderbewustzijn? Zeg jij lieve en leuke dingen of vertel je leugens die niet waar zijn. Bijvoorbeeld dat je niet goed genoeg bent.

Dus, het onderbewustzijn kan niet voor zichzelf denken, maar gelooft alles wat het hoort? Wel, ik hoop dat jij vertelt hoe fantastisch en speciaal je bent. Want dat ben jij!

Als je dit nog niet doet, zeg tegen jezelf elke dag
hoe fantastisch je bent. Dat kan luidop of gewoon
in je hoofd.

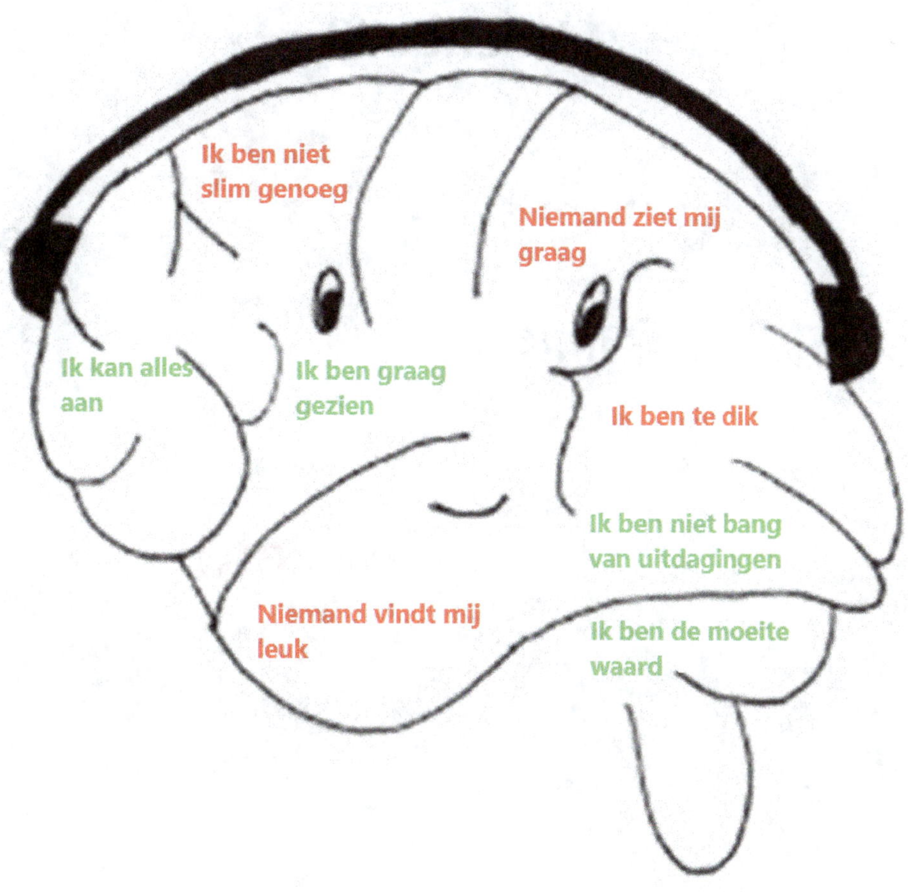


Weet je nog, het onderbewustzijn luistert naar wat je zegt en gelooft jou.

**Vriendelijk**

Mooi

**Zorgend**

**Dapper**

**Geliefd**

Slim

**Lief**

**Leuk**

Dus zeg tegen jezelf, elke keer je in de spiegel kijkt, elke morgen wanneer je op staat, naar school fietst, naar bed gaat, wanneer je er aan denkt, positieve dingen. Zoveel mogelijk!

**Jij kan ALLES aan!**

**ALLES wat jij wil bereiken is aan het wachten op jou.**

**Ik geloof in jou!**

**Geloof jij in jezelf?**

# Geloof

## In

## Jezelf!

Jij kan echt alles aan, als je positieve dingen tegen jezelf blijft vertellen, ga je jouw beter in je vel voelen, meer zelfvertrouwen krijgen en blijer door het leven stappen.

In het begin kan het voelen als een leugen, omdat je misschien niet gewoon bent van vele positieve dingen te horen, maar geef niet op. Blijf positief tegen jezelf praten en je zal snel de verschillen merken!

# Ik geloof in jou!

## Geloof jij in jezelf?

# Deel 2

Werkboek

Dit tweede deel is een werkboek zodat jij op weg kan geholpen worden als je voelt dat er gewoontes of gedachten zijn die je een meer positieve klank wil geven. De eerste pagina's zijn algemene vragen om een beter beeld en waarneming te krijgen van hoe jij in het leven staat. Deze vragen hoef je alleen maar 1 keer te beantwoorden. Eens je een beter beeld hebt geschetst, kan je aan de slag.

Het eerste deel van de dagelijkse vragen gaat over self-talk. Deze vragen helpen je stil te staan bij de gedachten die dagelijks door je hoofd gaan. De meeste gedachten zijn automatisch, zonder er bij still te staan. Het is goed om de tijd te nemen en even stil te staan bij wat je tegen jezelf zegt. Je kan soms echt verstelt staan van de lelijke dingen die je in je hoofd zegt. Dat was bij mij het geval en dat is geen schande. De eerste stap is de gedachten waar te nemen. Daarna kunnen we aan de slag om deze een meer positieve klank te geven.

Dankbaar zijn voor alles in je leven is ook een belangrijk tool om meer positief in het leven te staan. Ik sta dagelijks stil bij al de dingen waar ik dankbaar voor ben. Het is de bedoeling om niet alleen neer te schrijven waar je dankbaar voor bent, maar ook om het gevoel van dankbaarheid op te roepen. Na genoeg oefenen, gaat het gemakkelijker en ben je over het algemeen gelukkiger tijdens de dag!

Het laatste deel is een reflectie. Een reflectie van hoe deze oefening gaan voor jou. Dit kan hulpvol zijn om je voortuitgang waar te nemen.

Deze oefeningen herhalen zich tot het einde van het boek. Ik hoop dat deze oefeningen voor jou ook grote resultaten zullen opleveren, zoals het voor mij heeft gedaan.

## Veel plezier!

# Waarneming:

Wat zeg jij dagelijks tegen jezelf?

Noteer gedachten die je te binnen schieten, positief of negatief.


Wat gaat er goed in je leven:


Wat zou je graag veranderen:


Wat vind jij belangrijk:


Wat zijn je doelen? Wat wil jij bereiken in dit leven?

Ben jij lief voor de mensen rondom jou? Zijn zij lief voor jou?

Heb jij veel zelfvertrouwen of kan het beter?

Wat doe jij om te ontspannen:

Heb jij veel plezier tijdens de dag? Of voelt het aan als een sleur?

Kan je tien dingen vinden waarvoor je dankbaar bent:

Heb jij een dagelijkse routine? Zo ja, noteer:

Is ontspanning en rust een deel van jou dagelijkse routine:

Nee? Wat kan je doen om tot rust te komen:

# <u>Self-talk  (Wat je tegen jezelf zegt)</u>

Vandaag zei ik deze positieve dingen tegen mezelf:

Vandaag zei ik deze negatieve dingen tegen mezelf:

Mijn positieve gedachten zorgen ervoor dat ik mij……………….. voelde.

Mijn negatieve gedachten zorgden dat ik mij…………………….voelde.

Hoe kan ik mijn negatieve gedachten veranderen naar meer positieve gedachten:

Hoe ga ik onthouden om meer positief te zijn vanaf nu:

# <u>Dankbaarheid</u>

Vandaag ben ik dankbaar voor (tien dingen):

# <u>Reflectie</u>

Werken deze oefeningen voor mij:

Voel ik een positieve verandering:

Wat zijn deze positieve veranderingen:

Wil ik graag andere dingen proberen? Zoals wat:

Wat is moeilijk voor mij:




Blijf ik proberen, zelf als het moeilijk is:




Kan ik hulp vragen als ik het moeilijk heb:

# <u>Self-talk  (Wat je tegen jezelf zegt)</u>

Vandaag zei ik deze positieve dingen tegen mezelf:


Vandaag zei ik deze negatieve dingen tegen mezelf:


Mijn positieve gedachten zorgen ervoor dat ik mij……………….. voelde.


Mijn negatieve gedachten zorgden dat ik mij…………………….voelde.


Hoe kan ik mijn negatieve gedachten veranderen naar meer positieve gedachten:


Hoe ga ik onthouden om meer positief te zijn vanaf nu:

# Dankbaarheid

Vandaag ben ik dankbaar voor (tien dingen):

# Reflectie

Werken deze oefeningen voor mij:

Voel ik een positieve verandering:

Wat zijn deze positieve veranderingen:

Wil ik graag andere dingen proberen? Zoals wat:

Wat is moeilijk voor mij:

Blijf ik proberen, zelf als het moeilijk is:

Kan ik hulp vragen als ik het moeilijk heb:

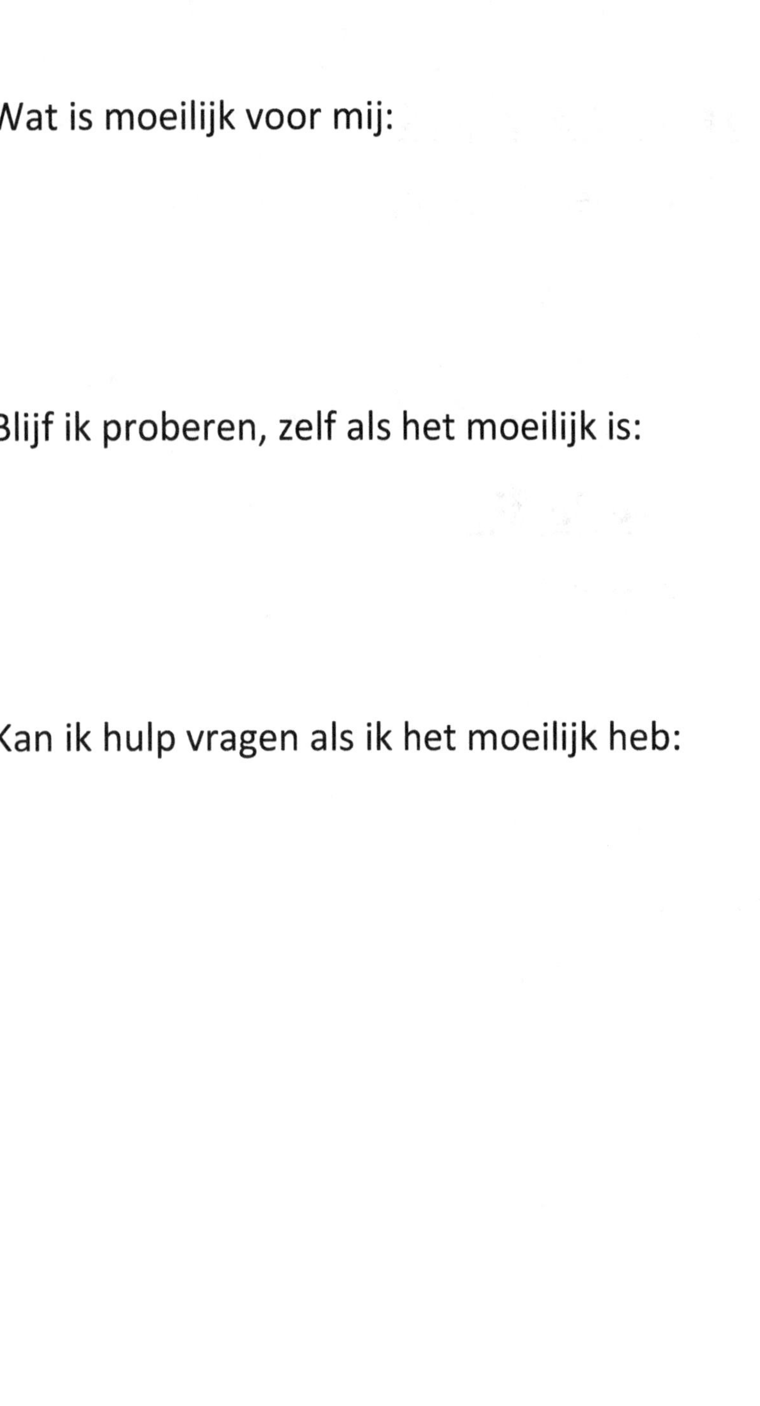

# <u>Self-talk  (Wat je tegen jezelf zegt)</u>

Vandaag zei ik deze positieve dingen tegen mezelf:

Vandaag zei ik deze negatieve dingen tegen mezelf:

Mijn positieve gedachten zorgen ervoor dat ik mij……………….. voelde.

Mijn negatieve gedachten zorgden dat ik mij…………………….voelde.

Hoe kan ik mijn negatieve gedachten veranderen naar meer positieve gedachten:

Hoe ga ik onthouden om meer positief te zijn vanaf nu:

# Dankbaarheid

Vandaag ben ik dankbaar voor (tien dingen):

# Reflectie

Werken deze oefeningen voor mij:

Voel ik een positieve verandering:

Wat zijn deze positieve veranderingen:

Wil ik graag andere dingen proberen? Zoals wat:

Wat is moeilijk voor mij:

Blijf ik proberen, zelf als het moeilijk is:

Kan ik hulp vragen als ik het moeilijk heb:

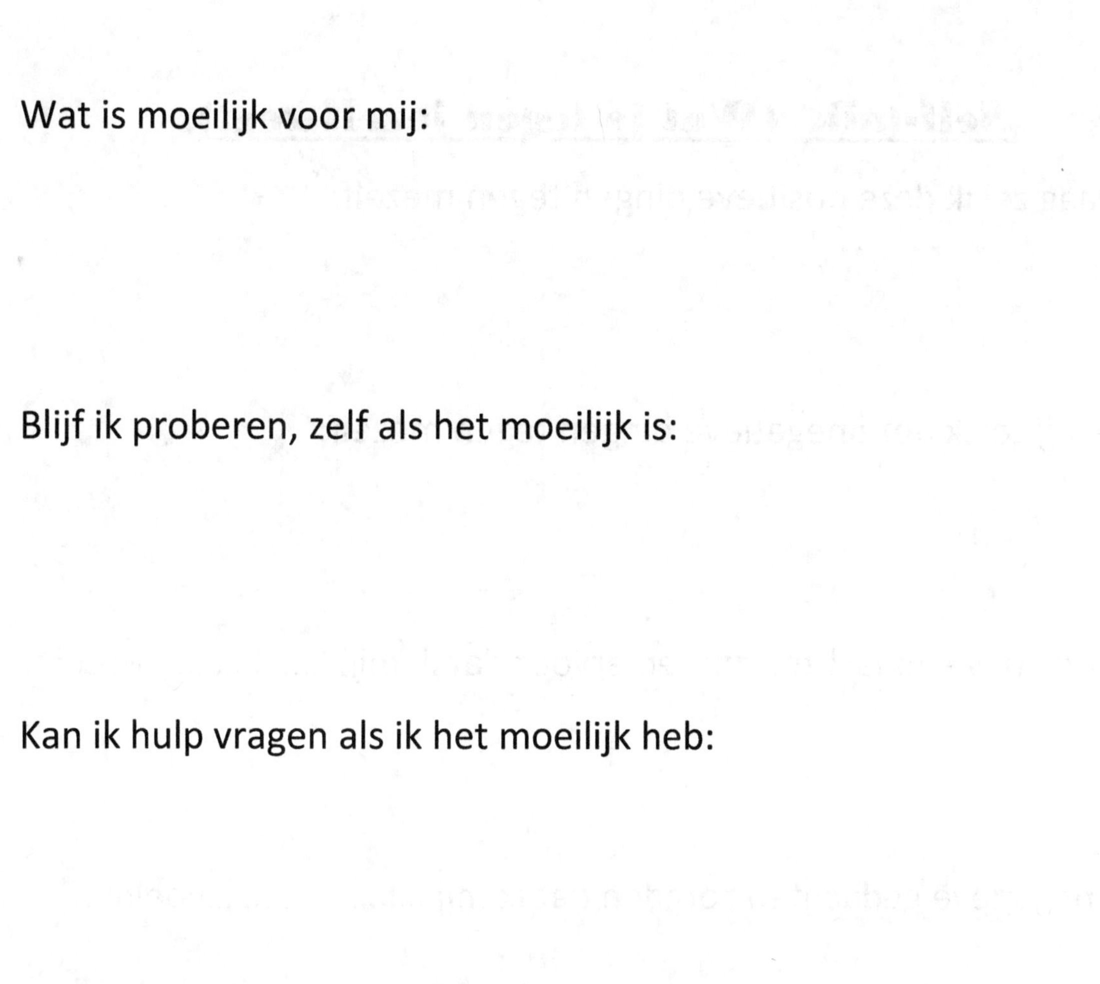

# Self-talk  (Wat je tegen jezelf zegt)

Vandaag zei ik deze positieve dingen tegen mezelf:

Vandaag zei ik deze negatieve dingen tegen mezelf:

Mijn positieve gedachten zorgen ervoor dat ik mij……………….. voelde.

Mijn negatieve gedachten zorgden dat ik mij…………………..voelde.

Hoe kan ik mijn negatieve gedachten veranderen naar meer positieve gedachten:

Hoe ga ik onthouden om meer positief te zijn vanaf nu:

# <u>Dankbaarheid</u>

Vandaag ben ik dankbaar voor (tien dingen):

# <u>Reflectie</u>

Werken deze oefeningen voor mij:

Voel ik een positieve verandering:

Wat zijn deze positieve veranderingen:

Wil ik graag andere dingen proberen? Zoals wat:

Wat is moeilijk voor mij:




Blijf ik proberen, zelf als het moeilijk is:




Kan ik hulp vragen als ik het moeilijk heb:

# Self-talk  (Wat je tegen jezelf zegt)

Vandaag zei ik deze positieve dingen tegen mezelf:

Vandaag zei ik deze negatieve dingen tegen mezelf:

Mijn positieve gedachten zorgen ervoor dat ik mij……………….. voelde.

Mijn negatieve gedachten zorgden dat ik mij…………………….voelde.

Hoe kan ik mijn negatieve gedachten veranderen naar meer positieve gedachten:

Hoe ga ik onthouden om meer positief te zijn vanaf nu:

# Dankbaarheid

Vandaag ben ik dankbaar voor (tien dingen):

# Reflectie

Werken deze oefeningen voor mij:

Voel ik een positieve verandering:

Wat zijn deze positieve veranderingen:

Wil ik graag andere dingen proberen? Zoals wat:

Wat is moeilijk voor mij:

Blijf ik proberen, zelf als het moeilijk is:

Kan ik hulp vragen als ik het moeilijk heb:

# <u>Self-talk  (Wat je tegen jezelf zegt)</u>

Vandaag zei ik deze positieve dingen tegen mezelf:

Vandaag zei ik deze negatieve dingen tegen mezelf:

Mijn positieve gedachten zorgen ervoor dat ik mij……………….. voelde.

Mijn negatieve gedachten zorgden dat ik mij…………………….voelde.

Hoe kan ik mijn negatieve gedachten veranderen naar meer positieve gedachten:

Hoe ga ik onthouden om meer positief te zijn vanaf nu:

# <u>Dankbaarheid</u>

Vandaag ben ik dankbaar voor (tien dingen):

# <u>Reflectie</u>

Werken deze oefeningen voor mij:

Voel ik een positieve verandering:

Wat zijn deze positieve veranderingen:

Wil ik graag andere dingen proberen? Zoals wat:

Wat is moeilijk voor mij:




Blijf ik proberen, zelf als het moeilijk is:




Kan ik hulp vragen als ik het moeilijk heb:

# <u>Self-talk  (Wat je tegen jezelf zegt)</u>

Vandaag zei ik deze positieve dingen tegen mezelf:

Vandaag zei ik deze negatieve dingen tegen mezelf:

Mijn positieve gedachten zorgen ervoor dat ik mij……………….. voelde.

Mijn negatieve gedachten zorgden dat ik mij…………………….voelde.

Hoe kan ik mijn negatieve gedachten veranderen naar meer positieve gedachten:

Hoe ga ik onthouden om meer positief te zijn vanaf nu:

# Dankbaarheid

Vandaag ben ik dankbaar voor (tien dingen):

# Reflectie

Werken deze oefeningen voor mij:

Voel ik een positieve verandering:

Wat zijn deze positieve veranderingen:

Wil ik graag andere dingen proberen? Zoals wat:

Wat is moeilijk voor mij:




Blijf ik proberen, zelf als het moeilijk is:




Kan ik hulp vragen als ik het moeilijk heb:

# <u>Self-talk  (Wat je tegen jezelf zegt)</u>

Vandaag zei ik deze positieve dingen tegen mezelf:

Vandaag zei ik deze negatieve dingen tegen mezelf:

Mijn positieve gedachten zorgen ervoor dat ik mij……………….. voelde.

Mijn negatieve gedachten zorgden dat ik mij…………………..voelde.

Hoe kan ik mijn negatieve gedachten veranderen naar meer positieve gedachten:

Hoe ga ik onthouden om meer positief te zijn vanaf nu:

# Dankbaarheid

Vandaag ben ik dankbaar voor (tien dingen):

# Reflectie

Werken deze oefeningen voor mij:

Voel ik een positieve verandering:

Wat zijn deze positieve veranderingen:

Wil ik graag andere dingen proberen? Zoals wat:

Wat is moeilijk voor mij:




Blijf ik proberen, zelf als het moeilijk is:




Kan ik hulp vragen als ik het moeilijk heb:

# <u>Self-talk  (Wat je tegen jezelf zegt)</u>

Vandaag zei ik deze positieve dingen tegen mezelf:

Vandaag zei ik deze negatieve dingen tegen mezelf:

Mijn positieve gedachten zorgen ervoor dat ik mij……………….. voelde.

Mijn negatieve gedachten zorgden dat ik mij………………….voelde.

Hoe kan ik mijn negatieve gedachten veranderen naar meer positieve gedachten:

Hoe ga ik onthouden om meer positief te zijn vanaf nu:

# <u>Dankbaarheid</u>

Vandaag ben ik dankbaar voor (tien dingen):

# <u>Reflectie</u>

Werken deze oefeningen voor mij:

Voel ik een positieve verandering:

Wat zijn deze positieve veranderingen:

Wil ik graag andere dingen proberen? Zoals wat:

Wat is moeilijk voor mij:




Blijf ik proberen, zelf als het moeilijk is:




Kan ik hulp vragen als ik het moeilijk heb:

# <u>Self-talk  (Wat je tegen jezelf zegt)</u>

Vandaag zei ik deze positieve dingen tegen mezelf:

Vandaag zei ik deze negatieve dingen tegen mezelf:

Mijn positieve gedachten zorgen ervoor dat ik mij……………….. voelde.

Mijn negatieve gedachten zorgden dat ik mij…………………….voelde.

Hoe kan ik mijn negatieve gedachten veranderen naar meer positieve gedachten:

Hoe ga ik onthouden om meer positief te zijn vanaf nu:

# <u>Dankbaarheid</u>

Vandaag ben ik dankbaar voor (tien dingen):

# <u>Reflectie</u>

Werken deze oefeningen voor mij:

Voel ik een positieve verandering:

Wat zijn deze positieve veranderingen:

Wil ik graag andere dingen proberen? Zoals wat:

Wat is moeilijk voor mij:

Blijf ik proberen, zelf als het moeilijk is:

Kan ik hulp vragen als ik het moeilijk heb:

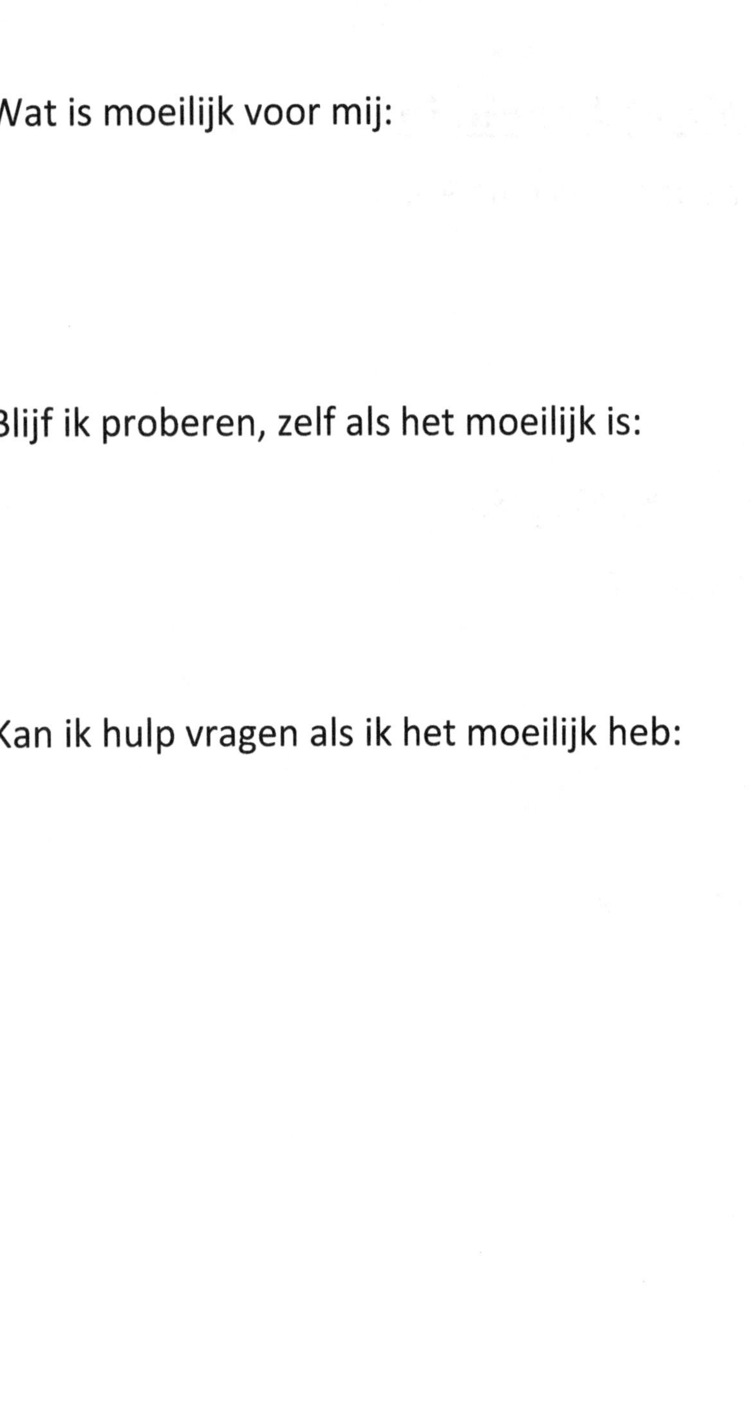

# **Self-talk  (Wat je tegen jezelf zegt)**

Vandaag zei ik deze positieve dingen tegen mezelf:

Vandaag zei ik deze negatieve dingen tegen mezelf:

Mijn positieve gedachten zorgen ervoor dat ik mij……………….. voelde.

Mijn negatieve gedachten zorgden dat ik mij…………………….voelde.

Hoe kan ik mijn negatieve gedachten veranderen naar meer positieve gedachten:

Hoe ga ik onthouden om meer positief te zijn vanaf nu:

# Dankbaarheid

Vandaag ben ik dankbaar voor (tien dingen):

# Reflectie

Werken deze oefeningen voor mij:

Voel ik een positieve verandering:

Wat zijn deze positieve veranderingen:

Wil ik graag andere dingen proberen? Zoals wat:

Wat is moeilijk voor mij:

Blijf ik proberen, zelf als het moeilijk is:

Kan ik hulp vragen als ik het moeilijk heb:

# Self-talk  (Wat je tegen jezelf zegt)

Vandaag zei ik deze positieve dingen tegen mezelf:

Vandaag zei ik deze negatieve dingen tegen mezelf:

Mijn positieve gedachten zorgen ervoor dat ik mij………………. voelde.

Mijn negatieve gedachten zorgden dat ik mij……………………voelde.

Hoe kan ik mijn negatieve gedachten veranderen naar meer positieve gedachten:

Hoe ga ik onthouden om meer positief te zijn vanaf nu:

# <u>Dankbaarheid</u>

Vandaag ben ik dankbaar voor (tien dingen):

# <u>Reflectie</u>

Werken deze oefeningen voor mij:

Voel ik een positieve verandering:

Wat zijn deze positieve veranderingen:

Wil ik graag andere dingen proberen? Zoals wat:

Wat is moeilijk voor mij:




Blijf ik proberen, zelf als het moeilijk is:




Kan ik hulp vragen als ik het moeilijk heb:

# <u>Self-talk  (Wat je tegen jezelf zegt)</u>

Vandaag zei ik deze positieve dingen tegen mezelf:

Vandaag zei ik deze negatieve dingen tegen mezelf:

Mijn positieve gedachten zorgen ervoor dat ik mij………………. voelde.

Mijn negatieve gedachten zorgden dat ik mij…………………….voelde.

Hoe kan ik mijn negatieve gedachten veranderen naar meer positieve gedachten:

Hoe ga ik onthouden om meer positief te zijn vanaf nu:

# Dankbaarheid

Vandaag ben ik dankbaar voor (tien dingen):

# Reflectie

Werken deze oefeningen voor mij:

Voel ik een positieve verandering:

Wat zijn deze positieve veranderingen:

Wil ik graag andere dingen proberen? Zoals wat:

Wat is moeilijk voor mij:




Blijf ik proberen, zelf als het moeilijk is:




Kan ik hulp vragen als ik het moeilijk heb:

# <u>Self-talk  (Wat je tegen jezelf zegt)</u>

Vandaag zei ik deze positieve dingen tegen mezelf:

Vandaag zei ik deze negatieve dingen tegen mezelf:

Mijn positieve gedachten zorgen ervoor dat ik mij……………….. voelde.

Mijn negatieve gedachten zorgden dat ik mij…………………….voelde.

Hoe kan ik mijn negatieve gedachten veranderen naar meer positieve gedachten:

Hoe ga ik onthouden om meer positief te zijn vanaf nu:

# <u>Dankbaarheid</u>

Vandaag ben ik dankbaar voor (tien dingen):

# <u>Reflectie</u>

Werken deze oefeningen voor mij:

Voel ik een positieve verandering:

Wat zijn deze positieve veranderingen:

Wil ik graag andere dingen proberen? Zoals wat:

Wat is moeilijk voor mij:

Blijf ik proberen, zelf als het moeilijk is:

Kan ik hulp vragen als ik het moeilijk heb:

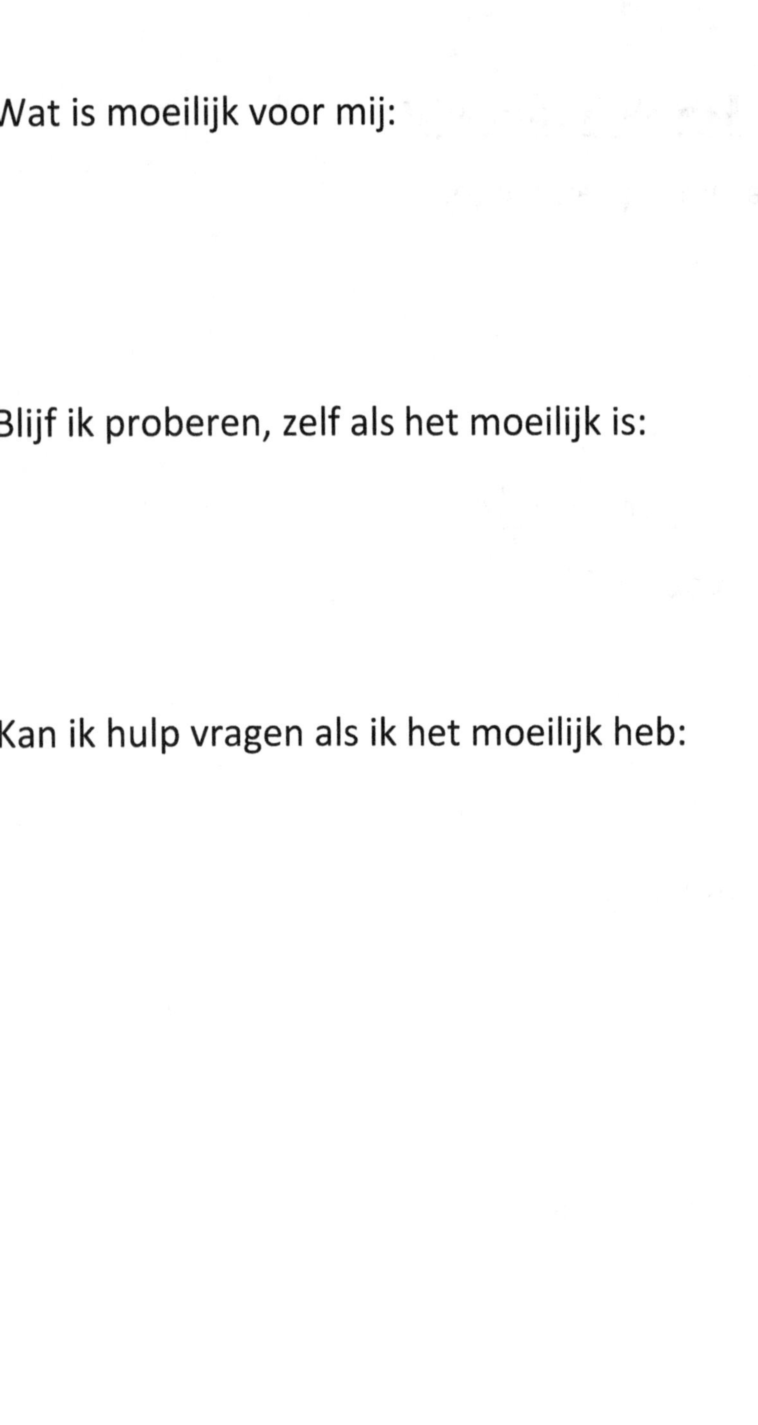

# <u>Self-talk  (Wat je tegen jezelf zegt)</u>

Vandaag zei ik deze positieve dingen tegen mezelf:

Vandaag zei ik deze negatieve dingen tegen mezelf:

Mijn positieve gedachten zorgen ervoor dat ik mij……………….. voelde.

Mijn negatieve gedachten zorgden dat ik mij…………………….voelde.

Hoe kan ik mijn negatieve gedachten veranderen naar meer positieve gedachten:

Hoe ga ik onthouden om meer positief te zijn vanaf nu:

# **Dankbaarheid**

Vandaag ben ik dankbaar voor (tien dingen):

# **Reflectie**

Werken deze oefeningen voor mij:

Voel ik een positieve verandering:

Wat zijn deze positieve veranderingen:

Wil ik graag andere dingen proberen? Zoals wat:

Wat is moeilijk voor mij:



Blijf ik proberen, zelf als het moeilijk is:



Kan ik hulp vragen als ik het moeilijk heb:

# <u>Self-talk (Wat je tegen jezelf zegt)</u>

Vandaag zei ik deze positieve dingen tegen mezelf:

Vandaag zei ik deze negatieve dingen tegen mezelf:

Mijn positieve gedachten zorgen ervoor dat ik mij……………….. voelde.

Mijn negatieve gedachten zorgden dat ik mij…………………….voelde.

Hoe kan ik mijn negatieve gedachten veranderen naar meer positieve gedachten:

Hoe ga ik onthouden om meer positief te zijn vanaf nu:

# <u>Dankbaarheid</u>

Vandaag ben ik dankbaar voor (tien dingen):

# <u>Reflectie</u>

Werken deze oefeningen voor mij:

Voel ik een positieve verandering:

Wat zijn deze positieve veranderingen:

Wil ik graag andere dingen proberen? Zoals wat:

Wat is moeilijk voor mij:




Blijf ik proberen, zelf als het moeilijk is:




Kan ik hulp vragen als ik het moeilijk heb:

Om af te sluiten deel ik graag mijn favoriete "quote". Deze is van Carl Jung, een Zwitserse psycholoog. Toen ik deze quote voor het eerst hoorde wist ik niet goed wat het betekende maar het betekend dat wanneer jij bewust wordt van de dingen in jou onderbewustzijn, je de dingen in jou leven zelf kan veranderen, namelijk door negatieve gedachten te veranderen. Wat er tegen ons vertelt wordt, wie we denken dat wij zijn, kan altijd veranderd worden, simpelweg door je gedachten te veranderen. Ik vond dit heel hoopvol en heb mijn leven positief kunnen veranderen, jij kan dit ook! Daarom heb ik dit boek geschreven om jou op weg te helpen. Jij moet natuurlijk het werk doen, maar weet dat ik in gedachten voor jou supporter!

*"Until you make the unconscious conscious, it will direct your life and you will call it fate". Carl Jung*

Was dit boek hulpvol voor jou? Hoe heeft dit boek iets veranderd voor jou? Ik hoor het graag. Contacteer mij via email of mijn Instagram account.

thingstolearnearly@gmail.com

@thingstolearnearly23 on Instagram